Hachis

Philippe Mérel

Photos : Bob Norris
Stylisme : Valéry Drouet

HACHETTE
Pratique

Sommaire

Viandes

4 Parmentier d'agneau à l'anglaise

6 Parmentier d'agneau à la polenta

8 Parmentier d'agneau aux aubergines

10 Parmentier d'agneau épicé aux épinards

12 Moussaka

14 Hachis de bœuf à la provençale

16 Hachis de bœuf aux courgettes

18 Hachis de bœuf épicé à la tomate

20 Hachis Parmentier

22 Parmentier de bœuf pimenté

24 Parmentier de pot-au-feu

26 Hachis de canard aux patates douces

28 Parmentier de canard

30 Parmentier de confit de canard

32 Parmentier de lapin aux pruneaux

34 Parmentier de lapin à la moutarde

36 Parmentier de boudin aux pommes

38 Parmentier de Morteau au chou braisé

40 Parmentier de porc au chou rouge

42 Hachis Parmentier de volaille

44 Parmentier de poulet au citron

Poissons

46 Parmentier de cabillaud

48 Parmentier de crabe

50 Hachis de haddock, poireaux et pommes de terre

52 Parmentier de lieu aux herbes

54 Hachis de morue aux tomates

56 Hachis Parmentier au thon

58 Parmentier de thon au sésame

Légumes

60 Hachis Parmentier végétarien

62 Parmentier de légumes au fromage de brebis

Signification des symboles

★ très facile

★★ facile

★★★ difficile

€ bon marché

€€ raisonnable

€€€ cher

Parmentier d'agneau à l'anglaise

pour **6 personnes** – préparation : **45 minutes** – cuisson : **2 heures 20**

difficulté : ★★ – coût : €€

- 1,2 kg d'épaule d'agneau désossée
- 2 carottes
- 2 oignons
- 2 cuil. à soupe d'huile d'olive
- 1 branche de thym
- 1 bâton de cannelle
- 1 cuil. à café de cumin en poudre
- 10 gousses de cardamome verte
- 1 cuil. à soupe de concentré de tomate
- 50 cl de bouillon de légumes
- 500 g de pommes de terre (bintje)
- 500 g de petits pois surgelés
- 2 gousses d'ail
- 20 cl de lait
- 80 g de beurre
- 1 bouquet de menthe fraîche
- 2 tranches de pain d'épice émiettées
- Sel, poivre

1 Hachez les oignons et coupez les carottes en petits dés. Coupez l'agneau en cubes de 4 à 5 cm de côté. Dans une cocotte, faites revenir dans l'huile les oignons et les carottes, à feu vif, pendant 5 min. Ajoutez la cannelle, le thym, la cardamome et le cumin, puis faites dorer les morceaux d'agneau à feu vif de tous les côtés. Ajoutez le concentré de tomate et 25 cl de bouillon de légumes. Salez et poivrez. Couvrez la cocotte et laissez cuire, à feu doux, pendant 1 h 30, en remuant régulièrement.

2 Épluchez, lavez et coupez les pommes de terre en gros cubes. Plongez-les dans le reste de bouillon de légumes. Portez à ébullition et faites-les cuire 10 min à petits bouillons. Ajoutez alors les petits pois et l'ail, ramenez à ébullition et laissez mijoter 10 min.

3 Retirez la viande de la cocotte. Ôtez la cannelle et le thym, et faites réduire la sauce, à découvert, pendant 10 min. Effilochez la viande.

4 Préchauffez le four à 240 °C (th. 8). Égouttez les pommes de terre et les petits pois. Passez-les au moulin à légumes. Ajoutez le lait chaud, 60 g de beurre et la menthe hachée tout en remuant. Rectifiez l'assaisonnement.

5 Répartissez le hachis d'agneau au fond d'un plat à gratin beurré. Couvrez avec la sauce réduite, puis avec la purée aux petits pois. Parsemez le gratin de miettes de pain d'épice et déposez quelques noisettes de beurre. Enfournez pour 15 à 20 min.

Parmentier d'agneau à la polenta

pour **6 personnes** – préparation : **1 heure** – cuisson : **2 heures**

difficulté : ★★ – coût : €€

- 1,2 kg d'épaule d'agneau désossée
- 2 cuil. à soupe d'huile d'olive
- 2 carottes
- 2 oignons
- 1 bâton de cannelle
- 1 branche de thym
- 1 cuil. à café de cumin en poudre
- 1 cuil. à soupe de concentré de tomate
- 25 cl de bouillon de légumes
- 1 litre de lait
- 250 g de polenta précuite
- 70 g de beurre
- 1 petit bouquet de coriandre
- Sel, poivre

1 Épluchez les oignons et les carottes. Hachez les oignons et coupez les carottes en petits dés. Coupez l'agneau en cubes de 4 à 5 cm de côté.

2 Dans une cocotte, faites chauffer l'huile. Faites-y revenir les oignons et les carottes, à feu vif, pendant 5 min. Ajoutez la cannelle, le thym et le cumin, puis faites dorer les morceaux d'agneau de tous les côtés.

3 Ajoutez le concentré de tomate et le bouillon de légumes. Salez et poivrez. Couvrez la cocotte et faites cuire à feu doux pendant 1 h 30. Remuez régulièrement.

4 Préparez la polenta : portez le lait à ébullition et versez la polenta en pluie. Faites-la cuire suivant les indications portées sur le paquet. En fin de cuisson, incorporez 50 g beurre. Rectifiez l'assaisonnement.

5 Préchauffez le four à 240 °C (th. 8). Lorsque la viande est cuite, retirez-la de la cocotte. Ôtez la cannelle et faites réduire la sauce à découvert pendant 10 min. Effilochez la viande tiède.

6 Dans un plat à gratin beurré, étalez une première couche de polenta, puis répartissez l'agneau. Couvrez-le avec la sauce réduite. Terminez par une couche de polenta. Parsemez de noisettes de beurre et enfournez pour 15 à 20 min. Juste avant de servir, parsemez le plat de feuilles de coriandre.

Conseil

Il existe différentes sortes de polenta dont les temps de préparation peuvent être variables. Pour le volume de lait à utiliser et le temps de cuisson, reportez-vous aux indications fournies par le fabricant.

Parmentier d'agneau aux aubergines

pour **6 personnes** – préparation : **40 minutes** – cuisson : **2 heures**
difficulté : ★★ – coût : € €

- 1,2 kg d'épaule d'agneau désossée
- 2 oignons
- 1 feuille de laurier
- 1 branche de thym
- 1 cuil. à café de cumin en poudre
- 1 cuil. à soupe de concentré de tomate
- 25 cl de bouillon de légumes
- 4 cuil. à soupe d'huile d'olive
- 1,5 kg d'aubergines
- 2 gousses d'ail
- 1 morceau de racine de gingembre de 3 cm
- 1 petit bouquet de coriandre
- Sel, poivre

1 Épluchez et hachez les oignons. Coupez l'agneau en cubes de 4 à 5 cm de côté. Dans une cocotte, faites fondre les oignons avec 2 cuillerées à soupe d'huile d'olive pendant 5 min. Ajoutez le laurier, le thym et le cumin, puis faites dorer les morceaux d'agneau, à feu vif, de tous les côtés.

2 Ajoutez le concentré de tomate et le bouillon de légumes. Salez et poivrez. Couvrez la cocotte et laissez cuire, à feu doux, pendant 1 h 30, en remuant régulièrement.

3 Allumez le four à 240 °C (th. 8). Lavez les aubergines. Mettez-les dans la lèchefrite du four et enfournez-les pour 30 à 40 min, selon leur taille. Lorsqu'elles sont devenues molles au toucher, sortez-les du four et laissez-les refroidir. Ouvrez-les, récupérez leur chair et jetez la peau.

4 Dans un saladier, mélangez à la chair des aubergines l'ail pelé et écrasé, le gingembre finement haché et 2 cuillerées à soupe d'huile d'olive. Salez et poivrez.

5 Lorsque la viande est cuite, retirez-la de la cocotte. Laissez-la tiédir et effilochez-la. Dans un plat à gratin beurré, répartissez l'agneau. Mouillez-le avec la sauce, puis couvrez avec la purée d'aubergines. Enfournez pour 15 à 20 min. Servez le gratin bien chaud parsemé de feuilles de coriandre.

Parmentier d'agneau épicé aux épinards

pour **6 personnes** – préparation : **45 minutes** – cuisson : **2 heures**
difficulté : ★★ – coût : € €

- 1,2 kg d'épaule d'agneau désossée
- 2 oignons
- 2 gousses d'ail
- 1 piment vert frais
- 1 morceau de racine de gingembre de 5 cm
- 1 cuil. à café de cumin en poudre
- 2 cuil. à soupe d'huile d'olive
- 30 cl de bouillon de légumes
- 500 g de pommes de terre
- 800 g de pousses d'épinards
- 10 cl de lait
- 70 g de beurre
- 200 g de ricotta
- 50 g d'amandes effilées
- 1 pincée de noix muscade
- Sel, poivre

1 Coupez l'agneau en cubes de 4 à 5 cm de côté. Épluchez et hachez séparément les oignons et l'ail. Lavez, épépinez et hachez le piment.

2 Dans une cocotte, faites fondre les oignons avec l'huile d'olive pendant 5 min. Ajoutez l'ail, le cumin, le piment et le gingembre pelé et haché. Remuez, puis ajoutez les morceaux d'agneau. Faites-les dorer à feu vif de tous les côtés. Versez le bouillon de légumes. Salez et poivrez. Couvrez la cocotte et faites cuire à feu doux pendant 1 h 30. Remuez régulièrement.

3 Épluchez et lavez les pommes de terre. Coupez-les en morceaux et faites-les cuire 20 min dans de l'eau salée. Lavez et équeutez les épinards. Dans une poêle, faites juste fondre les épinards avec 40 g de beurre. Réservez dans une passoire.

4 Égouttez les pommes de terre. Passez-les au moulin à légumes. Ajoutez le lait chaud et le reste du beurre en remuant vigoureusement. Salez, poivrez et ajoutez la noix muscade.

5 Retirez la viande cuite de la cocotte. Laissez-la tiédir et effilochez-la. Réservez la sauce. Préchauffez le four à 240 °C (th. 8).

6 Dans une poêle antiadhésive, faites dorer sans matière grasse les amandes effilées. Mélangez-les avec les épinards et la ricotta. Rectifiez l'assaisonnement.

7 Dans un plat à gratin beurré, répartissez l'agneau. Mouillez-le avec un peu de sauce de cuisson. Couvrez avec les épinards, puis avec la purée. Mettez à gratiner pendant 15 à 20 min et servez immédiatement.

Moussaka

pour **6 personnes** – préparation : **1 heure** – cuisson : **1 heure 40**

difficulté : ★★ – coût : €€

- 750 g d'épaule d'agneau désossée
- 1,5 kg d'aubergines
- 750 g de tomates
- 4 oignons
- 10 cl de vin rouge corsé
- 2 œufs
- 75 g de chapelure
- 400 g d'emmenthal râpé
- 100 g de parmesan râpé
- 3 gousses d'ail
- 1 bouquet de coriandre
- 1 bouquet de persil plat
- 1 litre de lait
- 70 g de beurre
- 70 g de farine
- Huile d'olive
- Sel, poivre

1 Coupez les aubergines en rondelles de 5 mm d'épaisseur. Saupoudrez-les de sel fin et laissez-les dégorger 40 min. Pelez les tomates, épépinez-les, concassez-les, puis égouttez-les.

2 Faites chauffer 2 cuillerées à soupe d'huile d'olive à feu moyen. Faites-y fondre les oignons hachés pendant 5 min. Ajoutez la viande et faites-la cuire 5 min à feu vif. Ajoutez les tomates, l'ail écrasé, le persil et la coriandre hachés. Salez et poivrez. Faites cuire 10 min. Versez alors le vin rouge et laissez mijoter 45 min.

3 Rincez et essuyez les rondelles d'aubergine. Dans une poêle, faites chauffer un peu d'huile d'olive et faites dorer à feu vif, en plusieurs fois, les rondelles d'aubergine. Réservez-les sur du papier absorbant pendant que vous préparez la béchamel.

4 Pour la béchamel : dans une casserole, faites fondre le beurre, ajoutez la farine et remuez à la cuillère de bois. Laissez cuire 2 min. Délayez peu à peu avec le lait et faites cuire jusqu'à ce que la béchamel épaississe. Retirez du feu et laissez tiédir.

5 Cassez les œufs en séparant les blancs des jaunes. Lorsque la béchamel est tiède, ajoutez-y les jaunes d'œufs et 100 g d'emmenthal râpé.

6 Préchauffez le four à 220 °C (th. 7-8). Hors du feu, ajoutez les blancs d'œufs et la chapelure à la viande, et mélangez.

7 Dans un plat à gratin beurré, superposez successivement une couche d'aubergines, une couche de viande, une couche d'emmenthal. Finissez avec une couche d'aubergines et couvrez le tout avec la béchamel. Parsemez le parmesan râpé et enfournez pour 45 min.

Hachis de bœuf à la provençale

pour **6 personnes** – préparation : **30 minutes** – cuisson : **50 minutes**

difficulté : ★★ – coût : €€

- 1 kg de bœuf haché
- 5 tomates
- 4 courgettes
- 3 branches de céleri
- 2 poivrons rouges
- 4 oignons
- 3 gousses d'ail
- 1 cuil. à soupe d'huile d'arachide
- 3 cuil. à soupe d'huile d'olive
- 1 branche de thym
- 20 g de beurre
- 50 g de chapelure
- 50 g de parmesan
- 1 petit bouquet de persil plat
- Sel, poivre

1 Épluchez les oignons et les gousses d'ail. Hachez l'oignon et écrasez l'ail avec le plat du couteau. Pelez et épépinez les tomates. Concassez-les et laissez-les égoutter dans une passoire.

2 Lavez les légumes. Coupez les courgettes en rondelles et les branches de céleri en tronçons. Épépinez les poivrons et coupez-les en lanières.

3 Faites chauffer l'huile d'arachide et le beurre dans une poêle et faites-y cuire la viande hachée, à feu vif, pendant 10 min. Salez et poivrez. Mettez la viande de côté.

4 Faites alors chauffer l'huile d'olive dans la poêle et faites-y fondre les oignons et l'ail. Ajoutez les tomates, les courgettes, le céleri, le poivron et le thym. Salez, poivrez et faites cuire, à feu doux, pendant 20 min. Lorsque les légumes sont cuits, ajoutez la viande et mélangez. Rectifiez l'assaisonnement.

5 Préchauffez le four à 240 °C (th. 8). Étalez le hachis de viande et de légumes dans un plat à gratin beurré. Parsemez de chapelure et de parmesan, et enfournez pour 15 min. Au sortir du four, dispersez le persil ciselé sur le gratin et servez aussitôt.

Hachis de bœuf épicé à la tomate

pour **6 personnes** – préparation : **30 minutes** – cuisson : **1 heure 30**

difficulté : ★★ – coût : €€

- 800 g de haricots rouges en boîte
- 800 g de bœuf haché
- 4 oignons
- 1 poivron rouge
- 600 g de tomates
- 1 kg de pommes de terre
- 20 cl de lait
- 5 cuil. à soupe d'huile d'olive
- 80 g de beurre
- 2 gousses d'ail
- 10 feuilles de basilic
- 1 cuil. à café de piment de Cayenne
- 1 cuil. à café de cumin en poudre
- 1 bouquet de persil plat
- Sel, poivre

1 Pelez et hachez les oignons. Lavez, pelez, épépinez et concassez les tomates. Lavez, épongez et ciselez le basilic. Lavez, épépinez le poivron et coupez-le en petits dés.

2 Faites chauffer 3 cuillerées à soupe d'huile et 20 g de beurre dans une sauteuse. Faites-y revenir les oignons et le poivron 5 min. Ajoutez la viande de bœuf et faites cuire 5 min, à feu vif, en l'émiettant à la fourchette.

3 Ajoutez ensuite les tomates, le basilic, le cumin, le piment de Cayenne et l'ail pelé et écrasé. Laissez mijoter pendant 45 min, en mélangeant régulièrement.

4 Préchauffez le four à 240 °C (th. 8). Égouttez et rincez les haricots rouges. Mettez-les dans une casserole, couvrez-les d'eau froide et portez à ébullition. Faites-les cuire pendant 15 min à feu moyen.

5 Épluchez, lavez et coupez les pommes de terre en gros cubes. Faites-les cuire 20 min dans de l'eau salée.

6 Égouttez les haricots rouges. Écrasez-les grossièrement à la fourchette et incorporez le reste d'huile et le persil haché.

7 Égouttez les pommes de terre, puis passez-les au moulin à légumes. Ajoutez le lait chaud et 60 g de beurre tout en remuant. Rectifiez l'assaisonnement.

8 Répartissez le hachis de bœuf au fond d'un plat à gratin beurré. Couvrez avec la purée de haricots rouges, puis la purée de pommes de terre. Faites cuire au four pendant 15 min.

Hachis Parmentier

pour **6 personnes** – préparation : **45 minutes** – cuisson : **1 heure**

difficulté : ★★ – coût : €

- 800 g de bœuf haché
- 2 oignons moyens
- 5 brins de persil
- 100 g de gruyère râpé
- 1 pincée de noix muscade moulue
- 100 g de lardons
- 1 kg de pommes de terre
- 80 g de beurre
- 50 cl de lait
- 2 tranches de pain de mie
- Sel, poivre

1 Épluchez, lavez et coupez les pommes de terre en gros cubes. Faites-les cuire 20 min dans de l'eau salée.

2 Mettez à tremper le pain de mie dans 15 cl de lait. Lavez et hachez le persil. Pelez et hachez les oignons.

3 Dans une poêle, faites fondre 30 g de beurre et faites-y revenir les oignons, sans coloration, pendant 5 min. Ajoutez les lardons, puis la viande hachée. Salez légèrement et poivrez. Mélangez bien et faites cuire environ 10 min.

4 Préchauffez le four à 200 °C (th. 6-7). Égouttez les pommes de terre. Passez-les encore chaudes au moulin à légumes. Ajoutez le reste de lait chaud, 40 g de beurre et la noix muscade. Mélangez vigoureusement. Vérifiez l'assaisonnement.

5 Hors du feu, ajoutez la mie de pain égouttée et le persil à la viande rissolée. Déposez la viande dans un plat à gratin beurré. Disposez dessus la purée. Parsemez de gruyère. Dispersez le reste du beurre en noisettes et faites gratiner au four pendant 15 à 20 min.

Variante

Si vous voulez réaliser une version plus légère de cette recette, vous pouvez remplacer le gruyère par de la chapelure.

Parmentier de bœuf pimenté

pour **6 personnes** – préparation : **30 minutes** – cuisson : **50 minutes**

difficulté : ★★ – coût : € €

- 800 g de bœuf haché
- 30 g de riz basmati
- 2 oignons rouges
- 3 tiges de citronnelle fraîche
- 1 cuil. à soupe d'huile d'olive
- 1 cuil. à soupe de sauce de poisson (nuoc-mam)
- Le jus de 1 citron vert
- 1 cuil. à café de sucre en poudre
- 1 petit piment rouge frais
- 1 petit bouquet de menthe
- 1 bouquet de coriandre
- 1 kg de pommes de terre
- 20 cl de lait de coco
- 80 g de beurre
- Sel, poivre

1 Dans une poêle antiadhésive, faites dorer le riz sans matière grasse, à feu vif, pendant 2 min. Passez-le brièvement au mixeur pour le réduire en petits morceaux.

2 Faites chauffer 20 g de beurre dans la poêle, faites-y revenir la viande 5 min, à feu vif, en l'égrenant à la fourchette. Réservez.

3 Épluchez et coupez-les oignons en fines rondelles. Coupez la citronnelle en fines rondelles. Dans un bol, mélangez l'huile d'olive, le jus de citron vert, la sauce de poisson, le sucre en poudre et le piment épépiné et haché.

4 Épluchez et lavez les pommes de terre. Coupez-les en morceaux et faites-les cuire 20 min dans de l'eau salée.

5 Dans un saladier, mélangez la viande cuite avec la sauce épicée, les brisures de riz, la menthe et la moitié de la coriandre hachées, et les rondelles d'oignon. Salez.

6 Préchauffez le four à 210 °C (th. 7). Égouttez les pommes de terre. Passez-les au moulin à légumes. Ajoutez le lait de coco chaud et 60 g de beurre. Remuez vigoureusement. Salez et poivrez.

7 Dans un plat à gratin beurré, étalez la moitié de la purée puis répartissez le hachis de viande. Couvrez avec le reste de purée. Enfournez pour 15 min, parsemez le reste des feuilles de coriandre et servez.

Conseil

Goûtez la sauce épicée et ajustez la quantité de piment selon votre goût. Dans la mesure du possible, utilisez des gants lorsque vous épépinez et hachez le piment.

Parmentier de pot-au-feu

pour **4 personnes** – préparation : **30 minutes** – cuisson : **1 heure**

difficulté : ★★ – coût : €€

- 800 g de restes de viande de bœuf en pot-au-feu
- 2 oignons
- 1 gousse d'ail
- 4 carottes
- 4 branches de céleri
- 2 cuil. à soupe d'huile d'olive
- 15 cl de bouillon de légumes
- 1 branche de thym
- 1 kg de pommes de terre
- 20 cl de lait
- 80 g de beurre
- 5 brins de persil plat
- 1 pincée de noix muscade moulue
- Sel, poivre

1 Épluchez et hachez séparément les oignons et la gousse d'ail. Épluchez et lavez les carottes et le céleri. Coupez-les en petits dés.

2 Dans une sauteuse, faites chauffer l'huile d'olive. Faites-y revenir l'oignon et l'ail, à feu moyen, pendant 5 min. Ajoutez les carottes et le céleri et faites-les revenir, à feu vif, pendant 3 min. Ajoutez le bouillon de légumes, le thym et laissez mijoter, à couvert, pendant 15 à 20 min.

3 Épluchez et lavez les pommes de terre. Coupez-les en morceaux et faites-les cuire 20 min dans de l'eau salée.

4 Égouttez les pommes de terre et passez-les au moulin à légumes. Ajoutez le lait chaud et 60 g de beurre. Remuez à la spatule de bois jusqu'à l'obtention de la bonne consistance. Salez, poivrez et ajoutez enfin la noix muscade.

5 Préchauffez le four à 210 °C (th. 7). Effilochez et répartissez la viande de bœuf au fond d'un plat à gratin beurré. Ajoutez les légumes et mouillez avec un peu de jus de cuisson. Couvrez avec la purée et répartissez quelques noisettes de beurre. Enfournez pour 20 min. Au sortir du four, dispersez les feuilles de persil sur le plat et servez sans attendre.

Hachis de canard aux patates douces

pour **6 personnes** – préparation : **40 minutes** – cuisson : **2 heures 30**

difficulté : ★★ – coût : €€

- 1,2 kg de filets ou d'aiguillettes de canard
- 1 oignon
- 2 gousses d'ail
- 3 cuil. à soupe de graisse de canard
- 20 cl de vin blanc sec
- 50 cl de bouillon de volaille
- 5 gousses de cardamome
- 1 bâton de cannelle
- 1 cuil. à café de poivre vert
- 1 kg de patates douces
- 20 cl de lait de coco
- 60 g de parmesan
- 40 g de beurre
- 2 tranches de pain d'épice
- Sel, poivre

1 Pelez et émincez l'oignon et les gousses d'ail. Dans une cocotte, faites chauffer la graisse de canard et faites-y revenir l'oignon et l'ail. Ajoutez le canard et faites-le dorer 5 min à feu vif. Ajoutez le vin blanc, le bouillon de volaille, la cardamome, la cannelle et le poivre vert. Salez et mélangez. Couvrez à moitié et laissez mijoter 2 h en remuant régulièrement.

2 Pendant ce temps, épluchez, lavez et coupez les patates douces en gros cubes. Faites-les cuire 20 min dans de l'eau salée.

3 Lorsque la viande est cuite, ôtez-la de la sauce, laissez-la tiédir puis effilochez-la. Enlevez le bâton de cannelle et faites réduire la sauce à feu doux pendant 5 min.

4 Préchauffez le four à 240 °C (th. 8). Égouttez les patates douces, puis passez-les au moulin à légumes. Ajoutez le lait de coco chaud, 40 g de parmesan râpé et le beurre. Remuez vigoureusement. Rectifiez l'assaisonnement.

5 Remettez la viande dans la sauce et mélangez. Dans un plat à gratin beurré, étalez la viande, couvrez-la avec la purée et parsemez le reste de parmesan. Émiettez le pain d'épice sur le dessus du plat. Enfournez pour 15 min et servez bien chaud.

Parmentier de canard

pour **6 personnes** – préparation : **45 minutes** – cuisson : **55 minutes**
difficulté : ★★ – coût : €€

- 500 g de magret de canard
- 250 g de poitrine de porc crue
- 250 g de quasi de veau
- 150 g de champignons de Paris
- 3 échalotes
- 1 cuil. à soupe de concentré de tomate
- 20 cl de vin blanc sec
- 5 cl de madère
- 8 brins de ciboulette
- 8 brins de persil plat
- 1 kg de pommes de terre
- 20 cl de lait
- 100 g de beurre
- 1 pincée de noix muscade moulue
- Sel, poivre

1 Épluchez, lavez et coupez les pommes de terre en gros cubes. Faites-les cuire 20 min dans de l'eau salée.

2 Pendant ce temps, pelez et hachez les échalotes. Lavez et hachez les champignons de Paris. Mixez chaque viande séparément.

3 Dans une cocotte, faites fondre 20 g de beurre et faites-y revenir les échalotes et les champignons, à feu vif, pendant 5 min. Ajoutez le hachis de porc et 5 min après, ceux de veau et de canard. Laissez rissoler les viandes pendant 2 min, à feu vif, tout en remuant. Mouillez avec le vin blanc, puis ajoutez le concentré de tomate. Remuez. Salez et poivrez. Baissez le feu et laissez mijoter 15 min à découvert.

4 Préchauffez le four à 240 °C (th. 8). Égouttez les pommes de terre, puis passez-les au moulin à légumes. Ajoutez le lait chaud, 60 g de beurre, la noix muscade et la moitié des brins de persil et de ciboulette finement hachés. Remuez vigoureusement. Rectifiez l'assaisonnement.

5 Lorsque le hachis de viande est cuit, parfumez-le avec le madère. Répartissez-le au fond d'un plat à gratin beurré. Couvrez-le de la purée de pommes de terre. Dispersez quelques noix de beurre sur le dessus et enfournez pour 15 min. Ajoutez le reste de fines herbes hachées juste avant de servir.

Parmentier de confit de canard

pour **6 personnes** – préparation : **30 minutes** – cuisson : **50 minutes**
difficulté : ★★ – coût : €€€

- 6 cuisses de confit de canard
- 800 g de carottes
- 200 g de pommes de terre
- 1 cuil. à soupe de graines de cumin
- 2 gousses d'ail
- 20 cl de lait
- 30 g de beurre
- 2 cuil. à soupe d'huile d'olive
- 60 g de parmesan râpé
- Sel, poivre

1 Épluchez et lavez les pommes de terre et les carottes. Coupez-les ensuite en petits morceaux et faites-les cuire 20 min dans de l'eau salée avec les gousses d'ail et les graines de cumin.

2 Dans une poêle, faites légèrement chauffer les cuisses de canard pour éliminer l'excès de graisse. Égouttez-les, laissez tiédir, puis retirez la peau et les os des cuisses et effilochez la viande.

3 Égouttez les pommes de terre et les carottes. Passez-les au moulin à légumes. Ajoutez le lait chaud et le beurre. Remuez à la spatule de bois jusqu'à l'obtention de la bonne consistance. Incorporez l'huile d'olive, salez et poivrez.

4 Préchauffez le four à 240 °C (th. 8). Répartissez la viande sur le fond d'un plat à gratin beurré. Couvrez avec la purée de carottes. Parsemez le parmesan sur le dessus du gratin et faites cuire au four 20 min.

Conseil
Si vous ne disposez pas de graines de cumin, assaisonnez la purée de carottes avec 1/2 cuillerée à café de cumin moulu.

Parmentier de lapin à la moutarde

pour **6 personnes** – préparation : **50 minutes** – repos : **12 heures** – cuisson : **1 heure 20**

difficulté : ★★ – coût : €€

- 1 beau lapin fermier (1,5 à 2 kg)
- 5 à 6 cuil. à soupe de moutarde de Dijon
- 120 g de beurre
- 2 oignons
- 1 cuil. à soupe de miel d'acacia
- 20 cl de vin blanc sec
- 5 cl de calvados
- 6 à 7 pommes (golden ou royal gala)
- 1 kg de pommes de terre
- 20 cl de lait
- Sel, poivre

1 La veille : découpez le lapin en morceaux. Badigeonnez-le généreusement de moutarde. Réservez au frais jusqu'au lendemain.

2 Le jour même : dans une cocotte, faites fondre 20 g de beurre et faites bien dorer les morceaux de lapin à feu vif. Procédez au besoin en plusieurs fois. Ajoutez les oignons coupés en quatre. Salez, ajoutez le miel et le vin blanc. Faites réduire à découvert pendant 5 min, puis couvrez la cocotte et laissez cuire, à feu doux, pendant 35 à 40 min. Remuez régulièrement.

3 Épluchez, lavez et coupez les pommes de terre en gros cubes. Faites-les cuire 20 min dans de l'eau salée.

4 Lorsque la viande est cuite, flambez-la avec le calvados. Retirez les morceaux de lapin et faites réduire doucement la sauce. Désossez et effilochez la viande.

5 Préchauffez le four à 240 °C (th. 8). Faites chauffer 20 g de beurre dans une poêle et faites-y revenir les pommes pelées et coupées en huit, à feu vif, pendant 5 min. Elles doivent rester fermes. Réservez.

6 Égouttez les pommes de terre, puis passez-les au moulin à légumes. Ajoutez le lait chaud et 60 g de beurre en remuant. Rectifiez l'assaisonnement.

7 Répartissez les pommes sur le fond d'un plat à gratin beurré. Couvrez avec le hachis de lapin et mouillez-le avec la sauce réduite. Finissez avec la purée de pommes de terre. Ajoutez quelques noisettes de beurre enfournez pour 15 à 20 min. Servez très chaud.

Parmentier de boudin aux pommes

pour **6 personnes** – préparation : **30 minutes** – cuisson : **40 minutes**

difficulté : ★ – coût : € €

- 800 g de boudins noirs
- 750 g de patates douces
- 15 cl de lait
- 90 g de beurre
- 8 pommes
- 2 tranches de pain d'épice
- Sel, poivre

1 Épluchez, lavez et coupez les patates douces en gros cubes. Faites-les cuire 20 min dans de l'eau salée.

2 Pelez les pommes et coupez-les en gros quartiers. Faites chauffer 20 g de beurre dans une poêle et faites-y revenir les pommes pendant 5 min. Elles doivent rester fermes. Salez, poivrez puis réservez.

3 Égouttez les patates douces, puis passez-les au moulin à légumes. Ajoutez le lait chaud et 50 g de beurre. Remuez à la spatule de bois jusqu'à l'obtention de la bonne consistance. Rectifiez l'assaisonnement.

4 Préchauffez le four à 210 °C (th. 7). Étalez les pommes sur le fond d'un plat à gratin beurré. Répartissez le boudin noir dont vous aurez retiré la peau, puis recouvrez avec la purée de patates douces. Émiettez le pain d'épice sur le gratin. Ajoutez quelques noisettes de beurre et enfournez pour 20 min.

Conseils

Lorsque vous aurez épluché et lavé les patates douces, conservez-les immergées dans de l'eau froide pour les empêcher de noircir.
Utilisez des pommes qui ne se défont pas trop à la cuisson, telles que les golden ou les royal gala.

Variante

Si vous aimez les plats un peu épicés, utilisez du boudin antillais ou bien ajoutez un peu de piment de Cayenne au boudin noir.

Parmentier de Morteau au chou braisé

pour **6 personnes** – préparation : **50 minutes** – cuisson : **2 heures 30**

difficulté : ★★ – coût : € €

- 5 saucisses de Morteau
- 1 gros chou vert
- 3 cuil. à soupe d'huile d'olive
- 100 g de lardons fumés
- 1 oignon
- 1 cuil. à café de thym émietté
- 1 feuille de laurier
- 10 cl de bouillon de bœuf
- 1 kg de pommes de terre
- 20 cl de lait
- 60 g de beurre
- Sel, poivre

1 Épluchez et hachez l'oignon. Lavez et tranchez le chou en fines lanières. Dans une cocotte, faites chauffer l'huile. Faites-y revenir l'oignon. Lorsqu'il est transparent, ajoutez les lardons et faites revenir 3 min à feu vif. Ajoutez alors les lanières de chou, le thym et le laurier. Remuez, puis mouillez avec le bouillon de bœuf. Couvrez et laissez mijoter 2 h, à feu doux, en remuant régulièrement. Au besoin, rajoutez un peu d'eau en cours de cuisson.

2 Pendant ce temps, mettez les saucisses de Morteau dans une grande casserole. Couvrez-les d'eau froide et portez-les doucement à ébullition. Faites-les cuire de 30 à 35 min à petits bouillons, puis égouttez-les et laissez-les tiédir.

3 Épluchez, lavez et coupez les pommes de terre en gros cubes. Faites-les cuire 20 min dans de l'eau salée.

4 Préchauffez le four à 210 °C (th. 7). Égouttez les pommes de terre. Passez-les au moulin à légumes. Ajoutez le lait chaud et le beurre. Remuez vigoureusement. Rectifiez l'assaisonnement.

5 Égouttez le chou lorsqu'il est bien tendre. Répartissez-le dans le fond d'un plat à gratin beurré. Disposez dessus les saucisses de Morteau coupées en rondelles pas trop épaisses et couvrez le tout avec la purée de pommes de terre. Enfournez pour 15 à 20 min et servez bien chaud.

Parmentier de porc au chou rouge

pour **6 personnes** – préparation : **45 minutes** – dessalage : **12 heures** – cuisson : **2 heures**

difficulté : ★★ – coût : € €

- 1,5 kg de viande de porc demi-sel (palette, échine, jarret ou plat de côtes)
- 3 oignons
- 3 clous de girofle
- 3 carottes
- 1 bouquet garni
- 1 chou rouge
- 40 g de graisse d'oie
- 4 cuil. à soupe de miel de fleurs
- 1 bâton de cannelle
- 3 cl de vinaigre de vin
- 12,5 cl de vin rouge
- 1 kg de pommes de terre
- 20 cl de lait
- 60 g de beurre
- Sel, poivre

1 Mettez la viande à dessaler dans de l'eau froide, pendant 12 h, en changeant l'eau plusieurs fois.

2 Déposez la viande dans un faitout et couvrez-la d'eau froide, ajoutez 1 oignon piqué des clous de girofle, les carottes en rondelles et le bouquet garni. Portez à ébullition et laissez frémir pendant 1 h 30.

3 Coupez le chou rouge en lamelles et rincez-le. Pelez et émincez finement les oignons restants. Dans une cocotte, faites fondre la graisse d'oie et faites-y revenir les oignons 3 min. Ajoutez le miel, la cannelle, le vinaigre, puis les lamelles de chou et le vin rouge. Salez, poivrez et mélangez le tout. Couvrez la cocotte et laissez mijoter à feu doux, pendant 1 h, en remuant de temps à autre.

4 Pendant ce temps, épluchez, lavez et coupez les pommes de terre en gros cubes. Faites-les cuire 20 min dans de l'eau salée.

5 Lorsque la viande est cuite, égouttez-la et laissez-la tiédir. Désossez-la et effilochez-la. Préchauffez le four à 240 °C (th. 8).

6 Égouttez les pommes de terre, puis passez-les au moulin à légumes. Ajoutez le lait chaud et le beurre. Remuez vigoureusement. Rectifiez l'assaisonnement.

7 Répartissez le chou égoutté sur le fond d'un plat à gratin beurré. Recouvrez-le avec la viande, puis la purée de pommes de terre. Enfournez pour 20 min et servez bien chaud.

Hachis Parmentier de volaille

pour **6 personnes** – préparation : **45 minutes** – cuisson : **55 minutes**
difficulté : ★★ – coût : €

- 1,2 kg de pommes de terre
- 800 g de blancs de poulet
- 100 g de beurre
- 2 oignons
- 2 carottes
- 25 cl de lait
- Sel, poivre

Pour le bouquet garni :
- 10 brins de persil plat
- 1 branche de thym
- 1 feuille de laurier
- 1 branche de céleri

1 Pelez et hachez les oignons. Épluchez les carottes et taillez-les en dés. Dans une cocotte, faites fondre 20 g de beurre, puis faites-y dorer les oignons et les carottes quelques instants à feu vif. Ajoutez les blancs de volaille et faites-les colorer de tous les côtés. Salez et poivrez.

2 Lavez le persil et la branche de céleri et ficelez-les avec le thym et le laurier. Ajoutez le tout à la viande et versez dessus 50 cl d'eau bouillante. Couvrez à moitié la cocotte et faites cuire 45 min à petits frémissements.

3 Pendant ce temps, épluchez, lavez et coupez les pommes de terre en gros cubes. Faites-les cuire 20 min dans de l'eau salée. Préchauffez le four à 240 °C (th. 8).

4 Lorsque les blancs de poulet sont cuits, laissez-les refroidir un peu et effilochez-les. Filtrez le bouillon de cuisson au travers d'une passoire pour récupérer les carottes et les oignons. Conservez un peu du bouillon pour mouiller le poulet.

5 Égouttez les pommes de terre, puis passez-les au moulin à légumes. Ajoutez le lait chaud, 60 g de beurre et remuez vigoureusement. Rectifiez l'assaisonnement.

6 Répartissez le hachis de volaille au fond d'un plat à gratin beurré. Couvrez-le avec les carottes et l'oignon, puis mouillez le tout avec un peu de bouillon. Recouvrez avec la purée de pommes de terre. Déposez le reste de beurre sur le gratin et faites cuire au four pendant 15 à 20 min.

Parmentier de poulet au citron

pour **6 personnes** – préparation : **45 minutes** – cuisson : **1 heure 20**

difficulté : ★★ – coût : €€

- 6 cuisses de poulet
- 2 cuil. à soupe d'huile d'olive
- 3 oignons
- 3 gousses d'ail
- 1 morceau de racine de gingembre de 5 cm
- 1 cuil. à café de cumin en poudre
- 1 cuil. à café de curcuma
- 2 dosettes de filaments de safran
- 50 g d'olives vertes dénoyautées
- 1/2 citron confit au sel
- 1 kg de pommes de terre
- 20 cl de lait
- 80 g de beurre
- 1 petit bouquet de coriandre
- Sel, poivre

1 Dans une cocotte, faites dorer de tous côtés les cuisses de poulet coupées en deux. Ajoutez l'huile d'olive, les oignons hachés, le cumin, le curcuma, le safran, le gingembre et l'ail hachés. Remuez le tout et faites cuire 5 min. Versez 30 cl d'eau chaude. Remuez, couvrez la cocotte et faites cuire à petit feu pendant 45 min. Retournez les morceaux de poulet régulièrement.

2 Épluchez, lavez et coupez les pommes de terre en gros cubes. Faites-les cuire 20 min dans de l'eau salée.

3 Coupez les olives vertes et le demi-citron confit en petits dés. Ajoutez-les dans la cocotte et poursuivez la cuisson 10 min. Ôtez les morceaux de poulet. Laissez-les tiédir. Faites réduire doucement la sauce à découvert.

4 Préchauffez le four à 240 °C (th. 8). Ôtez la peau du poulet, désossez et effilochez la viande. Égouttez les pommes de terre, puis passez-les au moulin à légumes. Ajoutez le lait chaud et 60 g de beurre tout en remuant vigoureusement. Rectifiez l'assaisonnement.

5 Répartissez le hachis de poulet au fond d'un plat à gratin beurré. Couvrez avec la sauce réduite, puis avec la purée. Déposez des noisettes de beurre sur le gratin et mettez au four pour 15 à 20 min. Parsemez de feuilles de coriandre juste avant de servir.

Parmentier de cabillaud

pour **4 personnes** – préparation : **45 minutes** – cuisson : **55 minutes**
difficulté : ★★ – coût : €€

- 600 g de filets de cabillaud
- 800 g de pommes de terre (bintje)
- 2 gousses d'ail
- 1 bouquet de persil plat
- 50 g de beurre
- 10 cl de crème fraîche épaisse
- 2 cuil. à soupe de chapelure
- Sel, poivre

Pour le court-bouillon :

- 1 oignon
- 1 carotte
- 1 branche de céleri
- 1 feuille de laurier
- 1 branchette de thym
- 1 clou de girofle

1 Préparez le court-bouillon : pelez la carotte et lavez la branche de céleri. Dans une casserole, mettez à chauffer 50 cl d'eau salée. Ajoutez l'oignon piqué du clou de girofle, les légumes coupés, le thym, le laurier et du poivre. Portez à ébullition, couvrez et laissez frémir doucement pendant 30 min.

2 Épluchez, lavez et coupez les pommes de terre en gros cubes. Faites-les cuire 20 min dans de l'eau salée. Pendant ce temps, préchauffez le four à 240 °C (th. 8).

3 Plongez les filets de cabillaud dans le court-bouillon. Faites-les cuire de 8 à 10 min à petits frémissements. Pendant ce temps, lavez, épongez et hachez finement le persil plat. Ensuite, épluchez et écrasez les gousses d'ail.

4 Lorsque le poisson est cuit, égouttez-le puis effeuillez-le avec une fourchette. Veillez à bien ôter toutes les arêtes.

5 Égouttez les pommes de terre. Mettez-les dans un saladier, ajoutez la crème fraîche et 30 g de beurre, et écrasez-les à la fourchette en purée grossière. Rectifiez l'assaisonnement. Ajoutez-y la chair du poisson, l'ail et le persil.

6 Versez le tout dans un plat à gratin beurré. Couvrez la surface avec la chapelure et répartissez le reste de beurre sur le dessus. Faites cuire 20 min au four, jusqu'à ce que le parmentier soit bien doré. Servez très chaud.

Parmentier de crabe

pour **4 personnes** – préparation : **30 minutes** – cuisson : **1 heure**
difficulté : ★★ – coût : € € €

- 800 g de chair de crabe en boîte (égouttée)
- 8 tomates
- 2 cuil. à soupe d'huile d'olive
- 1 gros oignon
- 2 gousses d'ail
- 1 cuil. à soupe de farine
- 1 branche de thym frais
- 1 cuil. à soupe de curry
- 15 cl de bouillon de légumes
- 75 g de parmesan râpé
- 75 g de chapelure
- 1 kg de pommes de terre à purée
- 60 g de beurre
- 20 cl de lait
- 1 pincée de noix muscade moulue
- Sel, poivre

1 Égouttez le crabe et écrasez-le à la fourchette. Réservez. Épluchez et lavez les pommes de terre. Coupez-les en morceaux et faites-les cuire 20 min dans de l'eau salée.

2 Égouttez les pommes de terre. Passez-les au moulin à légumes. Ajoutez le lait chaud et le beurre. Remuez vigoureusement. Salez, poivrez et ajoutez la noix muscade.

3 Pelez et concassez les tomates. Épluchez et hachez l'oignon. Faites-le fondre dans l'huile chaude avec l'ail écrasé pendant 3 min. Saupoudrez de farine et faites cuire 5 min, jusqu'à ce que l'oignon soit bien doré. Ajoutez alors les tomates, le curry, le thym et mouillez avec le bouillon de légumes. Salez et faites cuire la sauce tomate 15 min à feu doux.

4 Préchauffez le four à 240 °C (th. 8). Ajoutez la chair de crabe à la sauce tomate. Rectifiez l'assaisonnement si nécessaire.

5 Dans un plat à gratin beurré, mettez une couche de purée puis une couche de crabe à la tomate. Couvrez avec le reste de purée. Saupoudrez le dessus de chapelure et de parmesan râpé et faites gratiner 20 min.

Conseil
Vous pouvez ajouter un peu de piment de Cayenne en poudre à la sauce tomate si vous aimez les plats plus relevés.

Hachis de haddock, poireaux et pommes de terre

pour **6 personnes** – préparation : **40 minutes** – cuisson : **1 heure**
difficulté : ★★ – coût : €€

- 1 kg de haddock fumé
- 70 cl de lait
- 1 feuille de laurier
- 1 oignon
- 2 clous de girofle
- 1 kg de blancs de poireau
- 1 kg de pommes de terre
- 110 g de beurre
- 1 petit bouquet de ciboulette
- 1 pincée de noix muscade
- Sel, poivre

1 Épluchez, lavez et coupez les pommes de terre en gros cubes. Faites-les cuire 20 min dans de l'eau salée.

2 Mettez les filets de haddock dans une casserole. Ajoutez 50 cl de lait et complétez avec de l'eau de façon à couvrir entièrement le poisson. Ajoutez le laurier et l'oignon pelé et piqué des clous de girofle. Portez doucement à ébullition et laissez pocher 15 min. Puis égouttez le poisson, ôtez la peau et les arêtes, et effilochez-le.

3 Égouttez les pommes de terre, puis passez-les au moulin à légumes. Ajoutez 20 cl de lait chaud, 60 g de beurre, la noix muscade et la ciboulette finement hachée. Remuez vigoureusement. Rectifiez l'assaisonnement.

4 Fendez les blancs de poireau en deux dans la longueur. Lavez-les soigneusement, épongez-les puis émincez-les. Faites chauffer 30 g de beurre dans une poêle et faites-y fondre les poireaux pendant 15 min. Lorsqu'ils sont tendres, égouttez-les dans une passoire si leur eau de cuisson n'est pas totalement évaporée.

5 Préchauffez le four à 240 °C (th. 8). Mélangez la chair du poisson et les poireaux fondus. Dans un plat à gratin beurré, répartissez le mélange de haddock et de poireaux, puis couvrez avec la purée de pommes de terre. Disposez quelques noisettes de beurre sur le gratin et enfournez-le pour 20 min.

Conseil
Veillez à ne pas trop saler les diverses préparations, le haddock est déjà suffisamment salé.

Parmentier de lieu aux herbes

pour **6 personnes** – préparation : **45 minutes** – cuisson : **55 minutes**
difficulté : ★★ – coût : €€€

- 800 g de filets de lieu jaune
- 1 kg de pommes de terre
- 10 cl de lait
- 6 cuil. à soupe d'huile d'olive
- 100 g de parmesan râpé
- 1 bouquet de persil
- 1 bouquet de basilic
- 1 botte de ciboulette
- Sel, poivre

1 Épluchez, lavez et coupez les pommes de terre en gros cubes. Faites-les cuire 20 min dans de l'eau salée. Pendant ce temps, préchauffez le four à 180 °C (th. 6) et huilez légèrement un plat allant au four.

2 Coupez les filets de lieu en gros tronçons. Faites chauffer 2 cuillerées à soupe d'huile dans une poêle. Saisissez les tronçons de poisson à feu vif, 1 min de chaque côté, juste pour les colorer. Égouttez-les, puis effeuillez-les avec une fourchette. Veillez à bien ôter toutes les arêtes.

3 Lavez et ciselez les fines herbes. Égouttez les pommes de terre. Mettez-les dans un saladier, versez le lait préalablement chauffé, et écrasez-les à la fourchette en purée grossière. Incorporez au fur et à mesure le reste d'huile et les fines herbes. Rectifiez l'assaisonnement.

4 Disposez les filets de poisson dans le fond du plat, salez, poivrez et couvrez de purée. Parsemez de parmesan et laissez gratiner 20 min au four. Servez très chaud.

Hachis de morue aux tomates

pour **6 personnes** – préparation : **40 minutes** – dessalage : **12 heures** – cuisson : **1 heure**

difficulté : ★★ – coût : € €

- 800 g de morue salée
- 800 g d'oignons rouges
- 800 g de tomates
- 50 g d'olives noires dénoyautées
- 6 cuil. à soupe d'huile d'olive
- 1 bouquet garni
- 1 bouquet de persil
- 1 gousse d'ail
- Le jus de 1 citron
- 1 petit piment rouge frais
- Sel

1 Faites dessaler la morue dans un grand volume d'eau froide pendant 12 h. Changez l'eau à plusieurs reprises.

2 Mettez la morue dans une grande casserole. Couvrez-la d'eau froide, ajoutez le bouquet garni, portez doucement à ébullition et laissez mijoter 15 min. Égouttez le poisson. Retirez la peau et les arêtes, et émiettez-le.

3 Pelez et émincez finement les oignons. Dans une poêle, faites chauffer 3 cuillerées à soupe d'huile d'olive et faites-y revenir les oignons jusqu'à ce qu'ils soient légèrement caramélisés. Pelez les tomates et coupez-les en rondelles. Laissez-les égoutter.

4 Préchauffez le four à 200 °C (th. 6-7). Lavez et hachez le persil. Épépinez et hachez finement le piment et l'ail. Dans un bol, mélangez le persil, l'ail, le piment, le jus de citron et le reste d'huile d'olive.

5 Répartissez la morue dans le fond d'un plat à gratin beurré. Couvrez avec les oignons caramélisés et les olives noires coupées en rondelles. Disposez les tomates sur le dessus et arrosez avec le mélange au piment. Salez très légèrement. Enfournez pour 35 à 40 min. Servez bien chaud.

Conseil

Attention : la morue doit être correctement dessalée, sinon votre plat serait immangeable. Enfilez des gants lorsque vous épépinez et hachez le piment.

Variante

Vous pouvez aussi réaliser cette recette avec du haddock fumé. Sautez alors l'étape du dessalage et faites-le pocher dans un mélange constitué à parts égales d'eau et de lait. Veillez également à ne pas trop saler.

Hachis Parmentier au thon

pour **4 personnes** – préparation : **30 minutes** – cuisson : **50 minutes**
difficulté : ★★ – coût : € €

- 800 g de thon au naturel (égoutté)
- 75 g d'olives vertes dénoyautées
- 2 tomates
- 5 brins de persil plat
- 3 œufs durs
- 2 gousses d'ail
- 1 oignon
- 60 g de beurre
- 1 kg de pommes de terre
- 10 cl de lait
- 2 œufs
- 2 pincées de noix muscade moulue
- Sel, poivre

1 Égouttez le thon et écrasez-le à la fourchette. Hachez grossièrement les olives. Lavez et épongez le persil. Écalez les œufs durs et hachez-les avec le persil. Épluchez et hachez séparément l'ail et l'oignon. Pelez, épépinez et concassez les tomates. Laissez-les égoutter dans une passoire.

2 Dans une poêle, faites fondre 20 g de beurre et faites-y revenir l'ail et l'oignon 5 min sans les laisser dorer. Ajoutez le thon, les olives, les œufs durs au persil et les tomates. Remuez, salez et poivrez et faites revenir 5 min, à découvert, afin de faire évaporer l'eau des tomates. Réservez.

3 Épluchez et lavez les pommes de terre. Coupez-les en morceaux et faites-les cuire 20 min dans de l'eau salée. Préchauffez le four à 240 °C (th. 8).

4 Égouttez les pommes de terre. Passez-les au moulin à légumes. Ajoutez le lait chaud, 40 g de beurre et 1 œuf entier. Remuez à la spatule en bois jusqu'à l'obtention de la bonne consistance. Salez, poivrez et ajoutez la noix muscade.

5 Beurrez un plat allant au four, étalez la moitié de la purée, puis la préparation au thon. Couvrez du reste de purée. Badigeonnez le dessus du plat avec le dernier œuf battu. Mettez au four pour 15 à 20 min. Lorsque le hachis est bien doré, retirez-le du four et servez immédiatement.

Parmentier de thon au sésame

pour **4 personnes** – préparation : **50 minutes** – repos : **30 minutes au moins** – cuisson : **1 heure**

difficulté : ★★ – coût : €€

- 800 g de pavés de thon
- 1 citron vert
- 1 tige de citronnelle fraîche
- 1 bouquet de coriandre
- 3 cuil. à soupe de sauce de soja
- 2 cuil. à soupe d'huile d'olive
- 3 cuil. à soupe de graines de sésame
- 750 g de pommes de terre
- 250 g de céleri-rave
- 20 cl de lait
- 80 g de beurre
- Sel, poivre

1 Brossez le citron vert sous l'eau courante. Essuyez-le, prélevez le zeste avec une râpe, et pressez le jus. Émincez les deux tiers les plus tendres de la citronnelle.

2 Détaillez les pavés de thon en cubes de 2 à 3 cm de côté. Mettez-les dans un saladier. Ajoutez le jus et le zeste de citron, la sauce de soja, l'huile d'olive, la citronnelle et la moitié des feuilles de coriandre hachées. Poivrez et remuez. Mettez au frais pour au moins 30 min.

3 Épluchez et lavez les pommes de terre et le céleri-rave. Coupez-les en morceaux et faites-les cuire 20 min dans de l'eau salée. Dans une poêle antiadhésive, faites dorer à sec les graines de sésame pendant quelques minutes.

4 Égouttez les pommes de terre et le céleri. Passez-les au moulin à légumes. Ajoutez le lait chaud et 60 g de beurre. Remuez vigoureusement. Salez et poivrez.

5 Préchauffez le four à 210 °C (th. 7). Étalez la moitié de la purée au céleri sur le fond d'un plat à gratin beurré. Déposez dessus les cubes de thon marinés avec les herbes de la marinade. Mouillez légèrement avec celle-ci, puis parsemez les graines de sésame rôties. Recouvrez avec le reste de purée. Disposez quelques noisettes de beurre sur le gratin et enfournez pour 35 min. Répartissez le reste des feuilles de coriandre au moment de servir le plat.

Variante

Vous pouvez aussi réaliser cette recette avec des pavés de saumon frais. Remplacez alors la citronnelle par de l'aneth frais ciselé.

Hachis Parmentier végétarien

pour **6 personnes** – préparation : **50 minutes** – cuisson : **1 heure**

difficulté : ★★ – coût : € €

- 3 belles aubergines
- 3 cuil. à soupe de gros sel
- 6 tomates
- 2 oignons
- 2 gousses d'ail
- 2 petites branches de thym frais
- 2 cuil. à soupe d'huile d'olive
- 1 petit bouquet de coriandre
- 1,5 kg dc pommes de terre
- 80 g de beurre
- 3 cuil. à soupe de crème fraîche
- 300 g de tomme de chèvre
- 50 g de chapelure
- Sel, poivre

1 Lavez les aubergines et coupez-les en dés sans les peler. Mélangez-les avec le gros sel et faites-les dégorger pendant 30 min. Rincez-les sous le robinet, puis séchez-les dans du papier absorbant.

2 Pelez et épépinez les tomates. Concassez-les et laissez-les égoutter dans une passoire. Épluchez, lavez et coupez les pommes de terre en gros cubes. Faites-les cuire 20 min dans de l'eau salée avec le thym. Épluchez et hachez les oignons.

3 Faites chauffer l'huile dans une sauteuse et faites-y fondre les oignons 5 min à feu doux. Ajoutez les aubergines et faites cuire, à feu moyen, pendant 15 min. Remuez régulièrement. Ajoutez les tomates et l'ail haché, poivrez et salez. Laissez mijoter de 5 à 10 min, jusqu'à ce que l'eau de cuisson des légumes soit évaporée.

4 Égouttez les pommes de terre et passez-les au moulin à légumes. Ajoutez 50 g de beurre et la crème fraîche en remuant. Rectifiez l'assaisonnement.

5 Préchauffez le four à 240 °C (th. 8). Dans un plat à gratin beurré, étalez une première couche de purée, puis les légumes. Couvrez-les avec le fromage de chèvre coupé en tranches. Remettez une couche de purée. Saupoudrez de chapelure, répartissez le reste de beurre sur le gratin et enfournez pour 20 min. Au moment de servir, effeuillez sur le gratin la coriandre lavée et épongée.

Variante

Vous pouvez aussi utiliser pour cette recette de la tomme ou du fromage de brebis basque ou corse.

Parmentier de légumes au fromage de brebis

pour **6 personnes** – préparation : **30 minutes** – cuisson : **1 heure**
difficulté : ★★ – coût : €€

- 5 tomates
- 2 poivrons rouges
- 2 poivrons jaunes
- 3 courgettes
- 3 belles aubergines
- 2 oignons
- 4 gousses d'ail
- 1 branche de thym
- 1 feuille de laurier
- 4 cuil. à soupe d'huile d'olive
- le jus de 1/2 citron
- 200 g de tomme de chèvre ou de brebis
- Sel, poivre

1 Pelez, épépinez et concassez les tomates. Mettez-les à égoutter dans une passoire. Lavez les légumes. Épluchez et hachez séparément les oignons et les gousses d'ail. Épépinez les poivrons et coupez-les en dés. Coupez les courgettes en tronçons.

2 Allumez le four à 240 °C (th. 8). Mettez les aubergines entières dans la lèchefrite et enfournez-les pour 30 à 40 min, selon leur taille. Lorsqu'elles sont bien molles, ôtez leur peau et récupérez leur chair dans un saladier. Ajoutez le jus de citron, 2 cuillerées à soupe d'huile d'olive et la moitié de l'ail haché. Mélangez et rectifiez l'assaisonnement.

3 Dans une sauteuse, faites chauffer le reste d'huile d'olive. Faites revenir les oignons jusqu'à ce qu'ils soient translucides. Ajoutez le reste d'ail haché, les légumes en commençant par les poivrons, les courgettes et enfin les tomates. Ajoutez le thym et le laurier, salez et poivrez, mélangez et faites cuire à feu doux pendant 25 à 30 min.

4 Lorsque les légumes sont cuits, retirez la feuille de laurier et répartissez-les dans le fond d'un plat à gratin beurré. Couvrez-les avec la purée d'aubergines. Répartissez la tomme de chèvre ou de brebis coupée en morceaux et enfournez pour 20 min. Sortez le plat du four lorsqu'il est bien doré et servez.

Remerciements

Valéry Drouet remercie les boutiques C.M.O, Kazé, Cuisinophile, Agapé, C.F.O.C, Zéro one one, BÔ, Quartz, Au Petit Bonheur La Chance, pour tous les prêts d'accessoires ainsi que Juma et Perrine Rousseau pour ses créations textiles.

L'éditeur remercie Gaëlle Moreno pour son aide précieuse.

Direction : Stephen Bateman
Direction éditoriale : Pierre-Jean Furet
Édition : Christine Martin
Corrections : Mireille Touret
Conception intérieure : Dune Lunel
Réalisation intérieure : MCP
Couverture : Nicole Dassonville
Fabrication : Claire Leleu

Dépôt légal : novembre 2004
ISBN : 2-01-62-0936-4
62-66-0936-02-5

Impression : G. Canale & C.S.p.A., Turin (Italie).